70 Recetas Paleo Altas en Proteínas:

Recetas Altas en Proteínas, sin Suplementos o Pastillas para Aumentar Músculo

Por

Joseph Correa

Nutricionista Deportivo Certificado

COPYRIGHT

© 2016 Correa Media Group

Todos los derechos reservados

La reproducción o traducción de cualquier parte de este trabajo, más allá de lo autorizado mediante la sección 107 o 108 de la Ley de Propiedad Intelectual de los Estados Unidos, sin el permiso del propietario de los derechos de autor, es ilegal.

Esta publicación está destinada a proporcionar información precisa y fiable en referencia a la temática cubierta. Ésta es comercializada bajo el entendimiento de que, ni el autor ni la editorial, pretenden brindar asesoría médica.

Si requiere asesoría o asistencia médica, consulte un doctor. Este libro es considerado una guía y no debe ser utilizado en ninguna manera que perjudique su salud. Consulte a un médico antes de iniciar este plan nutricional para asegurarse de que es el adecuado para usted.

AGRADECIMIENTOS

La realización y éxito de este libro no hubiese sido posible sin mi familia.

70 Recetas Paleo Altas en Proteínas:

Recetas Altas en Proteínas, sin Suplementos o Pastillas para Aumentar Músculo

Por

Joseph Correa

Nutricionista Deportivo Certificado

CONTENIDOS

Copyright

Agradecimientos

Acerca del Autor

Introducción

Calendario para 70 Recetas Paleo Altas en Proteínas

70 Recetas Paleo Altas en Proteínas: Recetas Altas en Proteínas, sin Suplementos o Pastillas para Aumentar Músculo

Otros Grandes Títulos del Autor

ACERCA DEL AUTOR

Como nutricionista deportivo certificado y atleta profesional, creo firmemente que una nutrición apropiada le ayudará a lograr sus metas más rápida y efectivamente. Mi conocimiento y experiencia me han ayudado a vivir más sanamente a través de los años, lo que he compartido con mis familiares y amigos. Mientras más conoces acerca de comer y beber sanamente, más pronto vas a querer cambiar tus hábitos de vida y alimentación.

Tener éxito en el control de su peso es importante pues esto mejorará todos los aspectos de su vida.

La nutrición es clave en el proceso de ponerse en mejor forma y de esto se trata este libro.

INTRODUCCIÓN

70 Recetas Paleo Altas en Proteínas, le ayudará a incrementar la cantidad de proteínas que usted consume al día, para facilitar el aumento de masa muscular . Estas recetas le ayudarán a aumentar músculo en una manera organizada, agregando grandes porciones saludables de proteína a su dieta. El estar demasiado ocupado para alimentarse apropiadamente puede, a menudo, convertirse en un problema y es por esto que este libro le ahorrará tiempo y le ayudará a nutrir su cuerpo para lograr las metas deseadas. Asegúrese de conocer qué está comiendo preparándolo usted mismo o pidiendo a alguien que lo prepare para usted.

Este libro le ayudará a:

- Ganar músculo rápida y naturalmente.

- Mejorar la recuperación muscular.

-Comer deliciosas comidas.

- Tener más energía.

- Acelerar naturalmente su metabolismo para construir más músculo.

- Mejorar su sistema digestivo.

Joseph Correa es un nutricionista deportivo certificado y un atleta profesional.

Calendario para 70 Recetas Paleo Altas en Proteínas

DÍA	DESAYUNO	MERIENDA	ALMUERZO	MERIENDA	CENA
1.	2 huevos hervidos con albahaca picada	1 toronja	1 solomo de carne con rebanadas de berenjena	1 taza de ensalada de tomate y nueces	1 taza de acelga cocida con aceite de oliva
2.	½ taza de champiñones asados con romero	1 pera	1 taza de ensalada de pulpo con tomates y alcaparras	1 taza de almendras tostadas	1 calabacín asado con ajo y perejil
3.	1 vaso de batido de frutas mixtas y vegetales	1 vaso de jugo fresco de albaricoque	2 tazas de estofado de pescado	1 melocotón	1 taza de frutas frescas a su gusto
4.	½ taza de tortilla de piña con almendras	1 naranja	1 chuleta de carne con piña y cúrcuma	1 taza de pepino picado con hinojo	2 manzanas
5.	1 taza de ensalada de frutas	1 taza de ensalada de atún con lechuga y curry	1 muslo de pavo con nuez moscada y algarrobo	3 rebanadas de berenjena asadas con hinojo picado	1 taza de ensalada de pulpo con tomates y alcaparras
6.	1 taza de tortilla de espinaca	1 vaso de jugo fresco de piña sin azúcar	1 pedazo mediano de cazuela de berenjena	1 taza de puerro cocido con salsa de limón	2 huevos hervidos con jengibre rallado
7.	1 taza de ensalada de tomate y nueces	1 taza de champiñones cocidos con vegetales y salsa de jengibre	3 alas de pollo con salsa de cúrcuma	1 taza de ensalada de tomate y atún	1 bistec de ternera con salsa de pimienta roja
8.	½ taza de tortilla de champiñones	1 vaso de jugo de arándano fresco	2 filetes de pavo con nueces y sirope de maple	2 huevos hervidos	1 taza de ensalada de tomates cherry tostados, berenjena y albahaca
9.	½ taza de tortilla de nuez moscada	1 taza de camarones con salsa de tomates	1 taza de ensalada de lechuga	5 ciruelas deshidratadas	1 taza de ensalada de cilantro
10.	2 huevos fritos con menta picada	1 taza de ensalada de atún con lechuga y curry	1 chuleta de ternera con clavos picados	1 taza de sopa de tomate	2 huevos hervidos con cilantro picado

70 Recetas Paleo Altas en Proteínas

11.	3 rodajas de piña con almendras ralladas	1 calabacín asado con albahaca picada y menta	1 taza de sopa de ternera picada con vegetales	2 zanahorias cocidas	1 taza de uvas
12.	1 taza de brócoli cocido	2 tazas de ensalada de frutas	1 chuleta de cordero con salsa de avellana	1 pimiento rojo asado	1 papa cocida en salsa de perejil
13.	1 taza de paté de berenjena	1 taza de ensalada de lechuga y atún	½ taza de carne estofada y repollo	1 taza de sopa de brócoli	1 taza de almendras tostadas
14.	1 vaso de jugo de naranja fresco	½ taza de nueces	1 filete de trucha asado con perejil	1 taza de arándanos frescos y nueces ralladas	1 taza de sopa de coliflor
15.	½ taza de tortilla de tomate	1 taza de bayas	1 filete de salmón asado	2 zanahorias	1 taza de almendras tostadas
16.	1 vaso de jugo de naranja y lima fresco	1 taza de ensalada de vegetales mixtos	1 taza de calamares asados en salsa de curry	3 higos frescos	2 sardinas asadas
17.	1 vaso de batido de banana	2 pimientos verdes asados	1 taza de ensalada de mariscos	2 manzanas asadas	1 calabacín asado con ajo
18.	2 huevos hervidos	1 pera y almendras tostadas	1 bistec asado con rodajas de piña	1 taza de coliflor cocido en salsa de menta	1 manzana rallada con nueces y canela
19.	1 taza de sopa de champiñones	1 filete de trucha con salsa de almendras y cúrcuma	1 taza de sopa de trucha	1 taza de ensalada de pepino	½ taza de champiñones asados con salsa de ajo
20.	1 vaso de jugo de lima fresco	2 tazas de brócoli enlatado cocido	1 chuleta de carne con piña y cúrcuma	1 vaso de jugo de tomate fresco	2 sardinas asadas
21.	3 bolas de manzana y zanahoria con canela	1 berenjena asada con perejil	1 taza de ensalada de bistec con champiñones	1 zanahoria cocida	1 espárrago agrio
22.	1 vaso de batido de frutas	3 rebanadas de berenjena asadas	1 chuleta de ternera con almendras	1 taza de bayas y nueces del Brasil	2 pimientos rojos asados
23.	½ taza de tortilla de espinaca	1 taza de sopa de tomate y ajo	2 calamares rellenos con nueces	1 vaso de limonada fresca	½ taza de nueces del Brasil
24.	1 banana	1 taza de ensalada de lechuga y atún	1 chuleta de cordero con albahaca	1 pepino	1 taza de champiñones asados en salsa de tomate

70 Recetas Paleo Altas en Proteínas

25.	2 huevos fritos	½ taza de nueces del Brasil y nueces de Macadamia	1 taza de brocheta de camarones	1 taza de brócoli cocido	1 vaso de jugo fresco de vegetales a su gusto
26.	3 rodajas de piña con almendras ralladas	1 taza de sopa de brócoli	2 filetes de pavo con nueces y sirope de maple	1 taza de ensalada de lechuga y tomates cherry	1 manzana
27.	1 vaso de jugo de zanahoria fresco	1 taza de ensalada de pepino	1 chuleta de carne con piña y cúrcuma	1 taza de pepino picado con hinojo	1 taza de puerros cocidos con salsa de limón
28.	1 taza de ensalada de tomate y nueces	1 vaso de jugo fresco de albaricoque	2 tazas de estofado de pescado	3 ciruelas deshidratadas	1 taza de sopa de trucha
29.	3 bolas de manzana y zanahoria con canela	1 calabacín asado con albahaca picada y menta	1 chuleta de carne con piña y cúrcuma	1 taza de almendras tostadas	1 taza de ensalada de pulpo con tomates y alcaparras
30.	1 taza de paté de berenjena	1 taza de champiñones cocidos con vegetales y salsa de jengibre	1 pedazo mediano de cazuela de berenjena	1 vaso de limonada sin azúcar	1 taza de ensalada de tomates cherry tostados, berenjena y albahaca

70 Recetas Paleo Altas en Proteínas

1. Huevos hervidos con albahaca picada

Ingredientes:

2 huevos

1 cucharadita de albahaca picada

pimienta

Preparación:

Hierva los huevos durante 10 minutos. Retire la cáscara y corte en trozos pequeños. Espolvoree con la albahaca picada.

Valores nutricionales por 100 g:

Carbohidratos 1.1g

Azúcar 0g

Proteínas 13g

Grasas Totales (grasas buenas monoinsaturadas) 11g

Sodio 124mg

Potasio 126mg

Calcio 50mg

Hierro 1.2mg

Vitaminas (vitaminas A; B-6; B-12; C)

Calorías 155

2. Solomo de carne con rebanadas de berenjena

Ingredientes:

1 solomo de carne delgado

1 berenjena mediana

1 cucharadita de aceite de oliva

albahaca picada

pimienta

Preparación:

Lave y pimente la carne. Ásela en una sartén durante aproximadamente 10 minutos, de cada lado. Retírela de la sartén. Pele las berenjenas y corte dos rebanadas gruesas. Fríalas durante algunos minutos en la misma sartén. Retire del fuego y sirva con la carne. Espolvoree con albahaca picada.

Valores nutricionales:

Carbohidratos 6g

Azúcar 1.2g

Proteínas 35.2 g

Grasas Totales 4.9g

Sodio 57 mg

Potasio 397mg

Calcio 18.5mg

Hierro 1.9mg

Vitaminas (vitaminas A; B-6; B-12; C; D; D2; D3; K; Tiamina; K)

Calorías 212

3. Ensalada de Tomate y Nueces

Ingredientes:

1 tomate grande

½ taza de nueces picadas

1 cucharadita de jugo de limón

Preparación:

Lave y corte el tomate en trozos pequeños. Agregue las nueces picadas y mezcle bien. Vierta encima el jugo de limón.

Valores nutricionales por 1 taza:

Carbohidratos 8.2g

Azúcar 3.8g

Proteínas 10g

Grasas Totales 4.5g

Sodio 17 mg

Potasio 112mg

Calcio 16.5mg

Hierro 1.3mg

Vitaminas (vitaminas A; B-6; B-12; C; D; D2; D3; K; Riboflavina; Niacina; Tiamina; K)

Calorías 218

4. Acelga cocida con aceite de oliva

Ingredientes:

1 manojo de acelga

1 cucharadita de aceite de oliva

1 cucharadita de cúrcuma

Preparación:

Lave y corte la acelga. Fríala en aceite de oliva durante 20 minutos, a una baja temperatura, o hasta que esté tierna. Agregue la cúrcuma antes de servir.

Valores nutricionales por una taza:

Carbohidratos 6.9g

Azúcar 2.1g

Proteínas 8.4 g

Grasas Totales 1.9g

Sodio 34.2 mg

Potasio 23.2mg

Calcio 12.4mg

Hierro 0.59mg

Vitaminas (vitaminas A; B-6; B-12; C; D; D2; D3; K; Riboflavina; Niacina; Tiamina; K)

Calorías 113

5. Champiñones asados con romero

Ingredientes:

1 taza de champiñones

1 cucharadita de aceite de oliva

1 cucharadita de romero picado

Preparación:

Ase los champiñones en una sartén durante 5-7 minutos. Retírelos de la sartén y rocíelos con aceite de oliva y el romero picado.

Valores nutricionales por una taza:

Carbohidratos 6.2g

Azúcar 1.1g

Proteínas 8.4 g

Grasas Totales (grasas buenas monoinsaturadas) 1.3g

Sodio 48.2 mg

Potasio 23.2mg

Calcio 12.4mg

Hierro 0.59mg

Vitaminas (vitamina A; B-6; B-12; C; D; D2; D3; K; Riboflavina; Niacina; Tiamina; K)

Calorías 117

6. Ensalada de pulpo con tomates y alcaparras

Ingredientes:

1 taza de pulpo congelado picado

¼ taza de alcaparras

½ taza de aceitunas

5 tomates cherry

1 cucharadita de perejil picado

1 cucharadita de apio picado

1 cebolla pequeña

2 dientes de ajo

1 cucharadita de romero picado

1 cucharada de aceite de oliva

1 cucharadita de jugo de limón

Preparación:

Cocine el pulpo en agua con sal hasta que esté tierno. Esto usualmente toma aproximadamente 20-30 minutos. Retire de la olla, lave y escurra. Lave y corte los vegetales y mézclelos con el pulpo. Mezcle las especias y agréguelas a la ensalada. Rocíe con aceite de oliva y jugo de limón. Enfríe bien antes de servir.

Valores nutricionales por una taza:

Carbohidratos 12.9g

Azúcar 5.1g

Proteínas 16.4 g

Grasas Totales (grasas buenas monoinsaturadas) 9.9g

Sodio 114.2 mg

Potasio 83.2mg

Calcio 42.4mg

Hierro 0.59mg

Vitaminas (vitamina A; B-6; B-12; C; D; D2; D3; K; Riboflavina; Niacina; Tiamina; K)

Calorías 81

7. Calabacines asados con ajo y perejil

Ingredientes:

1 calabacín mediano

1 cucharada de perejil picado

2 dientes de ajo

Preparación:

Pele el calabacín y corte en 4 rebanadas. Fría en una sartén durante 3-4 minutos. Agregue el ajo picado y cocine por 5 minutos más. Espolvoree con perejil antes de servir.

Valores nutricionales:

Carbohidratos 3.71g

Azúcar 3g

Proteínas 2 g

Grasas Totales 0g

Sodio 2.9 mg

Potasio 360mg

Calcio 0.2mg

Hierro 0.3mg

Vitaminas (vitaminas A; B-6; B-12; C; D:K)

Calorías 20

8. Batido de frutas mixtas y vegetales

Ingredientes:

1 taza de arándanos, frambuesas, moras y fresas mezcladas

½ taza de espinaca bebé picada

2 tazas de agua

Preparación:

Mezcle los ingredientes en una licuadora durante algunos minutos.

Valores nutricionales por 1 taza:

Carbohidratos 9.2g

Azúcar 6.15g

Proteínas 8.75g

Grasas Totales 0.87g

Sodio 54.8mg

Potasio 107.8mg

Calcio 82mg

Hierro 2.03mg

Vitaminas (Vitamina C ácido ascórbico total; B-6; B-12; Ácido fólico-DFE; A-RAE; A-IU; E-alfa-tocoferol; D; D-D2+D3; K-Filoquinona; Tiamina; Riboflavina; Niacina)

Calorías 42.6

9. Estofado de pescado

Ingredientes:

1 filete de carpa

1 zanahoria

2 pimientos

1 tomate mediano

pimienta

raíces y hojas de apio

Preparación:

Es mejor comprar las zanahorias cocidas, o cocinarlas antes de preparar el estofado de pescado. Lave y corte los vegetales, mézclelos con el apio y pescado y póngalos en una olla. Vierta un poco de agua, sólo hasta cubrirlo. Cocine a baja temperatura durante 20-30 minutos.

Valores nutricionales:

Carbohidratos 8.2g

Azúcar 3.9g

Proteínas 15.2 g

Grasas Totales (grasas buenas monoinsaturadas) 6.6g

Sodio 113.8 mg

Potasio 71mg

Calcio 29.1mg

Hierro 0.32mg

Vitaminas (vitaminas A; B-6; B-12; C; D; D2; D3; K; Riboflavina; Niacina; Tiamina; K)

Calorías 172

10. Tortilla de piña con almendras

Ingredientes:

3 rodajas de piña

2 huevos

½ taza de almendras

1 cucharada de aceite de linaza para freír

Preparación:

Bata los huevos y agregue las almendras. Fría las rodajas de piña durante algunos minutos por ambos lados, sin aceite. Cuando termine, retírelos de la sartén, agréguele aceite, caliéntelo y vierta la mezcla de huevos. Sirva con las rodajas de piña asadas.

Valores nutricionales por 100g:

Carbohidratos 8.9g

Azúcar 4.6g

Proteínas 19.2 g

Grasas Totales 13.6g

Sodio 134.8 mg

Potasio 131mg

Calcio 67.1mg

Hierro 1.52mg

Vitaminas (vitaminas A; B-12; C; K; Riboflavina; Niacina; K)

Calorías 187

11. Chuleta de carne con piña y cúrcuma

Ingredientes:

1 chuleta de carne mediana

1 cucharada de aceite de oliva

1 cucharadita de cúrcuma

Pimienta

2 rodajas de piña

Preparación:

Lave y seque la carne. Fríala sin aceite, en su propio jugo, durante 15-20 minutos, a baja temperatura. Retire del fuego. Prepare una salsa con el aceite de oliva, cúrcuma y pimienta y distribúyala sobre la carne. Fríala una vez más durante 3-4 minutos, agregue las rodajas de piña y sirva tibio.

Valores nutricionales por 100g:

Carbohidratos 15.7g

Azúcar 9.9g

Proteínas 34g

Grasas Totales (grasas buenas monoinsaturadas) 17.6g

Sodio 99.3 mg

Potasio 328mg

Calcio 49.1mg

Hierro 0.52mg

Vitaminas (vitaminas A; B-6; B-12; C; D; D2; D3; K; Riboflavina; Niacina; Tiamina; K)

Calorías 311

12. Ensalada de frutas

Ingredientes:

1 taza de bayas

½ taza de piña en cubos

½ taza de manzana picada

1 cucharadita de canela

1 cucharadita de sirope de agave

Preparación:

Mezcle las frutas, agregue el sirope de agave y espolvoree con la canela.

Valores nutricionales por una taza:

Carbohidratos 19.2g

Azúcar 12g

Proteínas 15.2 g

Grasas Totales (grasas buenas monoinsaturadas) 4.6g

Sodio 123.8 mg

Potasio 95mg

Calcio 44.1mg

Hierro 0.52mg

Vitaminas (vitaminas A; B-6; B-12; C; D; D2; D3; K; Riboflavina; Niacina; Tiamina; K)

Calorías 77

13. Ensalada de atún con lechuga y curry

Ingredientes:

1 lata pequeña de atún sin aceite

1 manojo de lechuga

2 pimientos

1 cucharadita de curry

1 cucharadita de salsa de limón

Preparación:

Lave y corte la lechuga. Mézclela con el atún, los pimientos picados y la salsa de limón. Espolvoree con el curry.

Valores nutricionales por 1 taza:

Carbohidratos 23.4g

Azúcar 13g

Proteínas 33.2g

Grasas Totales (grasas buenas monoinsaturadas) 12.4g

Sodio 123mg

Potasio 72.3mg

Calcio 42.1mg

Hierro 0.27mg

Vitaminas (vitaminas A; B-6; B-12; C; D; D2; D3; K; Riboflavina; Niacina; Tiamina; K)

Calorías 68

14. Muslo de pavo con nuez moscada y algarrobo

Ingredientes:

1 muslo de pavo

½ taza de agua

½ taza de nuez moscada

½ taza de algarrobo

Preparación:

Lave y limpie la carne. Fríala durante aproximadamente 15 minutos en su propio jugo (agregue un poco de agua mientras fríe el pavo). Corte finamente la nuez moscada y el algarrobo y agréguelos a la sartén. Mezcle bien con la salsa del pavo. Retire de la sartén y espolvoree con un poco más de algarrobo.

Valores nutricionales por una taza:

Carbohidratos 3.2g

Azúcar 0.9g

Proteínas 31g

Grasas Totales (grasas buenas monoinsaturadas) 10.4g

Sodio 998mg

Potasio 78.2mg

Calcio 48mg

Hierro 0.37mg

Vitaminas (vitaminas A; B-6; B-12; C; D; D2; D3; K; Riboflavina; Niacina; Tiamina; K)

Calorías 210

15. Rebanadas de berenjena asadas con hinojo picado

Ingredientes:

1 berenjena grande

½ taza de hinojo picado

1 cucharada de aceite de oliva

1 cucharadita de perejil picado

Preparación:

Pele la berenjena y córtela en 3 rebanadas. Ásela en una sartén sin aceite. Cuando esté lista, rocíe aceite de oliva encima de la berenjena, espolvoree con el hinojo y perejil.

(Estas rebanadas de berenjena son grandiosas frías, así que puede dejarlas en el refrigerador por una noche).

Valores nutricionales por rebanada:

Carbohidratos 8.9g

Azúcar 3g

Proteínas 7g

Grasas Totales (grasas buenas monoinsaturadas) 2.4g

Sodio 54mg

Potasio 32.5mg

Calcio 12.4mg

Hierro 0.37mg

Vitaminas (vitaminas A; B-6; B-12; C; D; D2; D3; K; Riboflavina; Niacina; Tiamina; K)

Calorías 54

16. Tortilla de espinacas

Ingredientes:

1 taza de espinaca picada

2 huevos

1 cucharada de aceite de oliva para freír

Preparación:

Cocine la espinaca en agua con sal hasta que esté tierna. Retire de la olla y escurra. Fríala en aceite de oliva por 5-6 minutos y agregue los huevos. Mezcle bien y sirva caliente.

Valores nutricionales por 100g:

Carbohidratos 1.9g

Azúcar 0.6g

Proteínas 19.2 g

Grasas Totales 13.6g

Sodio 144mg

Potasio 133mg

Calcio 71mg

Hierro 1.8mg

Vitaminas (vitaminas A; B-12; C; K; Riboflavina; Niacina; K)

Calorías 177

17. Cazuela de Berenjenas

Ingredientes:

2 berenjenas grandes

1 taza de carne picada

1 cebolla mediana

1 cucharadita de aceite de oliva

Pimienta

2 tomates medianos

1 cucharadita de perejil picado

Preparación:

Pele las berenjenas y córtelas a lo largo en láminas delgadas. Colóquelas en un bol, y déjelas reposar por al menos una hora. Sumérjalas en huevos batidos. Fríalas en aceite caliente. Corte la cebolla, fríala, agregue los pimientos en tiras, el tomate cortado en cubos, y el perejil finamente picado. Fría durante algunos minutos y luego agregue la carne. Cuando la carne esté tierna, retire del fuego, enfríe, agregue 1 huevo y sazone con pimienta. Coloque la berenjena frita y la carne con los vegetales en un envase refractario formando capas hasta que haya usado todo el material. Hornee durante 30 minutos a 300 grados.

Valores nutricionales por 100g:

Carbohidratos 7.9g

Azúcar 3.4g

Proteínas 10.2 g

Grasas Totales 13.6g

Sodio 164mg

Potasio 302mg

Calcio 21.1mg

Hierro 1.32mg

Vitaminas (vitaminas A; B-12; C; K; Riboflavina; Niacina; K)

Calorías 109

18. Puerro con cubos de pollo

Ingredientes:

2 tazas de puerros cortados

1 taza de filetes de pollo cortado en cubos

aceite de oliva

hojas de tomillo para decorar

sal al gusto

Preparación:

Corte los puerros en pequeñas piezas y lávelos con agua fría, el día previo a su preparación. Resérvelos en una bolsa de plástico por una noche.

Caliente el aceite en una sartén grande. Agregue los cubos de pollo y fría durante aproximadamente 15 minutos a una temperatura media. Agregue los puerros, mezcle bien y fría durante 10 minutos más a una baja temperatura. Retire de la sartén y deje enfriar. Decore con las hojas de tomillo.

Valores nutricionales por 1 taza:

Carbohidratos 7g

Azúcar 1.6g

Proteínas 18.1 g

Grasas Totales 13.6g

Sodio 124.1 mg

Potasio 120mg

Calcio 69.3mg

Hierro 1.42mg

Vitaminas (vitaminas A; B-6; B-12; C; D; D2; D3; K; Riboflavina; Niacina; Tiamina; K)

Calorías 187

19. Champiñones cocidos con vegetales

Ingredientes:

2 tazas de champiñones

1 taza de pavo seco en cubos

2 zanahorias grandes

½ taza de repollo picado

1 cucharadita de jengibre

1 cucharada de aceite de oliva

1 cucharadita de perejil picado

Preparación:

Cocine los vegetales en agua hasta que estén tiernos. Retire de la olla y escurra. Deje enfriar por un rato. Mezcle el aceite de oliva, jengibre y perejil, agregue un poco de agua y cocine por algunos minutos, a fuego medio. Vierta encima de los vegetales, agregue el pavo seco y mezcle bien. Refrigere durante aproximadamente 30 minutos antes de servir.

Valores nutricionales por 1 taza:

Carbohidratos 18.6g

Azúcar 11.3g

Proteínas 21.9g

Grasas Totales 14.2g

Sodio 153.3 mg

Potasio 89.8mg

Calcio 49.9mg

Hierro 0.42mg

Vitaminas (vitaminas A; B-6; B-12; C; D; D2; D3; K; Riboflavina; Niacina; Tiamina; K)

Calorías 79

20. Alas de pollo con salsa de cúrcuma

Ingredientes:

2 alas de pollo

1 cucharadita de cúrcuma

1 cucharada de aceite de oliva

½ cucharadita de romero deshidratado

¼ cucharadita de pimienta roja

Preparación:

Fría las alas de pollo en una sartén durante 10-15 minutos. Unos 3-4 minutos antes de que el pollo esté listo, agregue el aceite de oliva, la cúrcuma, el romero, la pimienta y un poco de agua. Mezcle bien la salsa y sumerja el pollo en ella.

Valores nutricionales por 100g:

Carbohidratos 18.6g

Azúcar 0.9g

Proteínas 28g

Grasas Totales 22.7g

Sodio 431.3 mg

Potasio 189mg

Calcio 2.9mg

Hierro 2.42mg

Vitaminas (vitaminas A; B-6; B-12; C; D; D2; D3; K; Riboflavina; Niacina; Tiamina; K)

Calorías 318

21. Ensalada de tomate y atún

Ingredientes:

2 tomates grandes

2 cebollas medianas

3 latas de atún

1 cucharada de aceite de oliva

1 cucharadita de jugo de limón

albahaca

sal al gusto

Preparación:

Lave y pele los vegetales. Córtelos en pequeños cubos. Agregue el aceite de oliva, el jugo de limón y la albahaca. Mezcle bien.

Valores nutricionales por una taza:

Carbohidratos 17.9g

Azúcar 9.1g

Proteínas 28.3 g

Grasas Totales (grasas buenas monoinsaturadas) 15.8g

Sodio 127mg

Potasio 89.6mg

Calcio 42.1mg

Hierro 0.38mg

Vitaminas (vitaminas A; B-6; B-12; C; D; D2; D3; K; Riboflavina; Niacina; Tiamina; K)

Calorías 99

22. Bistec de ternera con salsa de pimienta roja

Ingredientes:

1 bistec de ternera mediano

1 pimentón rojo grande

1 cucharadita de pimienta roja

1 cucharada de aceite de oliva

Romero picado

Preparación:

Lave y corte el pimentón en pequeñas piezas. Colóquelo en una sartén grande, agregue el aceite de oliva y romero. Cocine durante 15 minutos a fuego lento. Agregue la pimienta roja y cocine por unos pocos minutos más. Lave y seque el bistec. Fríalo en una sartén hasta que esté tierno. Agregue la salsa y retire de la sartén.

Valores nutricionales por 100g:

Carbohidratos 4.5g

Azúcar 2.1g

Proteínas 26 g

Grasas Totales 9.8g

Sodio 87 mg

Potasio 339mg

Calcio 2.1mg

Hierro 0.16mg

Vitaminas (vitaminas A; B-6; B-12; C; D; D2; D3; K)

Calorías 203

23. Tortilla de champiñones

Ingredientes:

1 taza de champiñones,

2 huevos

1 cucharada de aceite de oliva

Preparación:

Fría los champiñones en aceite de oliva a una temperatura baja. Deje que la salsa de los champiñones se evapore. Agregue los huevos y mezcle bien.

Valores nutricionales por 100 g:

Carbohidratos 4.1g

Azúcar 0g

Proteínas 18g

Grasas Totales (grasas buenas monoinsaturadas) 11g

Sodio 126mg

Potasio 124mg

Calcio 14.9mg

Hierro 1.8mg

Vitaminas (vitaminas A; B-6; B-12; C)

Calorías 174

24. Filete de pavo con nueces y sirope de maple

Ingredientes:

3 filetes de pavo

½ taza de nueces

1 cucharadita de sirope de maple

¼ taza de agua

1 cucharada de aceite de oliva

sal al gusto

Preparación:

Fría los filetes en una sartén a una baja temperatura durante aproximadamente 15 minutos, o hasta que estén tiernos. Retire del fuego y agregue el agua, el sirope de maple y las nueces. Mezcle bien y fría durante 5-6 minutos más, hasta que el agua se evapore. Deje enfriar por un rato.

Valores nutricionales por 100 g:

Carbohidratos 10.1g

Azúcar 7.3g

Proteínas 24.2g

Grasas Totales 8.7g

Sodio 1025mg

Potasio 126mg

Calcio 50mg

Hierro 1.2mg

Vitaminas (vitaminas A; B-6; C)

Calorías 148

25. Ensalada de tomates cherry, berenjena y albahaca asados

Ingredientes:

1 berenjena pequeña

5 claras de huevo

1 taza de tomates cherry

1 cucharadita de albahaca fresca picada

1 cucharada de aceite de oliva

pimienta blanca al gusto

1 cucharadita de jugo de limón

Preparación:

Corte la berenjena en piezas gruesas, en forma de dados. Agregue sal a los cubos de berenjena, el aceite, las claras de huevo y colóquelos en una bandeja para hornear. Si lo desea, agregue un poco más de aceite de oliva (opcional). Hornee durante aproximadamente 10 minutos en horno precalentado a 350 grados. Lave los tomates cherry y fríalos durante 15 minutos aproximadamente, a baja temperatura, usando una sartén pequeña. La intención es obtener una salsa de tomate ligeramente caramelizada.

Retire del fuego y deje enfriar por un rato. Remueva lentamente la salsa de limón, aceite de oliva y la albahaca fresca. Vierta sobre la berenjena y sirva frío. Este es un grandioso acompañante para una parrilla o pescado asado. Puede mantenerlo en el refrigerador hasta una semana.

Valores nutricionales por rebanada:

Carbohidratos 10.4g

Azúcar 3g

Proteínas 19g

Grasas Totales (grasas buenas monoinsaturadas) 4.9g

Sodio 52mg

Potasio 38.3mg

Calcio 12.9mg

Hierro 0.32mg

Vitaminas (vitaminas A; B-6; B-12; C; D; D2; D3; K; Riboflavina; Niacina; Tiamina; K)

Calorías 87

26. Tortilla de nuez moscada

Ingredientes:

3 huevos

2 cucharada de aceite de oliva

1 cucharadita de nuez moscada

1/5 cucharadita de pimienta

Preparación:

Bata los huevos y agregue la nuez moscada y pimienta. Mezcle bien y fría en aceite de oliva por pocos minutos. Sirva tibio. Puede agregar un poco de sal al gusto.

Valores nutricionales por 100g:

Carbohidratos 0.9g

Azúcar 0.45g

Proteínas 12g

Grasas Totales 12.4g

Sodio 156mg

Potasio 117.5mg

Calcio 4.4mg

Hierro 7.37mg

Vitaminas (vitaminas A; B-6; D; D2; D3)

Calorías 156

27. Camarones en salsa de tomate

Ingredientes:

2 tazas de camarones congelados

1 tomate grande

1 cucharadita de albahaca deshidratada

2 dientes de ajo

3 cucharadas de aceite de oliva

sal al gusto

Preparación:

Ase los camarones congelados en una sartén sin aceite. Lave y corte el tomate en pequeñas piezas, agregue la albahaca picada, el ajo picado y el aceite de oliva. Cocine durante 5-6 minutos (agregue un poco de agua si lo considera necesario). Vierta la salsa encima de los camarones asados. Sirva con lechuga.

Valores nutricionales por 100g:

Carbohidratos 7.9g

Azúcar 4.2g

Proteínas 28g

Grasas Totales (grasas buenas monoinsaturadas) 1.32g

Sodio 131mg

Potasio 269.5mg

Calcio 8.7mg

Hierro 4.37mg

Vitaminas (vitaminas A; B-6; B-12; C; D; D2; D3; K; Riboflavina; Niacina; Tiamina; K)

Calorías 164

28. Ensalada de lechuga

Ingredientes:

1 manojo de lechuga

1 cucharada de aceite de oliva

1 cucharadita de jugo de limón

Preparación:

Lave y corte la lechuga, agregue el aceite de oliva y el jugo de limón. Es preferible preparar esta ensalada justo antes de servir la comida. No la deje preparada durante mucho tiempo.

Valores nutricionales por 1 taza:

Carbohidratos 1.2g

Azúcar 0.3g

Proteínas 1.7g

Grasas Totales (grasas buenas monoinsaturadas) 1.4g

Sodio 19mg

Potasio 132mg

Calcio 1.4mg

Hierro 2.3mg

Vitaminas (vitaminas A; B-6; B-12; C;K)

Calorías 25

29. Ensalada de cilantro

Ingredientes:

1 taza de cilantro picado

1 huevo hervido

2 tazas de tomates cherry

1 cucharadita de cúrcuma

2 cucharadas de aceite de oliva

1 cucharadita de salsa de limón

sal al gusto

Preparación:

Lave y corte los tomates cherry y mezcle con el cilantro. Agregue la cúrcuma, el aceite de oliva y la salsa de limón.

Valores nutricionales por una taza:

Carbohidratos 14.2g

Azúcar 8.9g

Proteínas 10g

Grasas Totales (grasas buenas monoinsaturadas) 9.6g

Sodio 122.2 mg

Potasio 81mg

Calcio 45.5mg

Hierro 0.37mg

Vitaminas (vitaminas A; B-6; B-12; C; D; D2; D3; K; Riboflavina; Niacina; Tiamina; K)

Calorías 55

30. Huevos fritos con menta picada

Ingredientes:

3 huevos

1 cucharada de aceite de oliva

1 cucharada de menta picada

1 taza de tomates cherry

1 cebolla pequeña

pimienta al gusto

sal al gusto

Preparación:

Corte los vegetales en pequeños trozos y fríalos en una sartén grande, a baja temperatura, durante 15 minutos aproximadamente. Espere que el agua se evapore. Bata los huevos y agregue la menta picada. Mezcle con los vegetales, agregue el aceite de oliva y fría por algunos minutos. Antes de servir, agregue sal y pimienta al gusto.

Valores nutricionales por 100 g:

Carbohidratos 8.1g

Azúcar 4g

Proteínas 28g

Grasas Totales (grasas buenas monoinsaturadas) 11.9g

Sodio 176mg

Potasio 174mg

Calcio 17.9mg

Hierro 1.5mg

Vitaminas (vitaminas A; B-6; B-12; C; D; D2; D3; K; Riboflavina; Niacina; Tiamina; K)

Calorías 194

31. Chuleta de ternera con clavos picados

Ingredientes:

2 chuletas de ternera grandes

1 taza de clavos picados

4 cucharadas de aceite de oliva

1 cucharada de perejil deshidratado

1 cucharadita de romero

1 cucharadita de pimienta roja

1 cucharada de jugo de limón

Preparación:

Mezcle bien los clavos, el aceite de oliva, perejil y romero para obtener una rica salsa. Lave la carne y colóquela en una bandeja para hornear pequeña. Agregue la salsa y hornee durante 15-20 minutos, a 300 grados. Retire del horno, rocíe con la pimienta y el jugo de limón. Decore con algunas hojas de perejil. Deje enfriar por aproximadamente 10 minutos.

Valores nutricionales por 100g:

Carbohidratos 8.2g

Azúcar 4.9g

Proteínas 22g

Grasas Totales 9.6g

Sodio 97.2 mg

Potasio 381mg

Calcio 4.5mg

Hierro 5.3mg

Vitaminas (vitaminas A; B-6; B-12; C; D; D2; D3; K; Riboflavina; Niacina; Tiamina; K)

Calorías 216

32. Sopa de tomate

Ingredientes:

1 taza de salsa de tomate

2 claras de huevo

2 tazas de agua

2 dientes de ajo

2 cucharadas de aceite de oliva

1 cucharadita de mejorana deshidratada

perejil picado

Preparación:

Fría el ajo finamente picado en aceite. Vierta la salsa de tomate mezclada con agua. Agregue el perejil y deje hervir. Sirva con la mejorana.

Valores nutricionales por 150ml:

Carbohidratos 6.8g

Azúcar 3.9g

Proteínas 7g

Grasas Totales (grasas buenas monoinsaturadas) 0.6g

Sodio 190.2 mg

Potasio 112mg

Calcio 0.5mg

Hierro 2.3mg

Vitaminas (vitaminas A; C)

Calorías 30

33. Calabacín asado con albahaca y menta picada

Ingredientes:

1 calabacín grande

¼ taza de albahaca picada

¼ taza de menta picada

1 cucharada de aceite de oliva

¼ vaso de agua,

pimienta al gusto

Preparación:

Cocine las especias en agua y pimienta durante 2-3 minutos. Pele y corte el calabacín en tres rebanadas. Áselo en una sartén con el aceite de oliva. Agregue la menta y albahaca. Fría hasta que el agua se evapore. Puede agregar un poco de jugo de limón antes de servir, pero esto es opcional.

Valores nutricionales por 1 rebanada:

Carbohidratos 3.8g

Azúcar 2g

Proteínas 2.9 g

Grasas Totales 0.9g

Sodio 2.76 mg

Potasio 343mg

Calcio 0.27mg

Hierro 0.3mg

Vitaminas (vitaminas A; B-6; B-12; C; D:K)

Calorías 23

34. Sopa de ternera picada con vegetales

Ingredientes:

1 bistec de ternera grueso

2 zanahorias grandes

½ taza de perejil picado

1 tomate grande

¼ cucharadita de pimienta

1 cebolla pequeña

Preparación:

Lave la carne y colóquela en una olla. Vierta agua y cocínela hasta que esté tierna. Mientras tanto, lave y corte los vegetales en pequeños cubos. Cuando la carne esté cocida, retírela de la olla y córtela en pequeños cubos. Mezcle con los vegetales, introdúzcalos en el agua nuevamente y cocine hasta que las zanahorias estén tiernas. Sazone y sirva.

Valores nutricionales por 1 taza:

Carbohidratos 3g

Azúcar 2.1g

Proteínas 22 g

Grasas Totales 5.7g

Sodio 71 mg

Potasio 148mg

Calcio 2.2mg

Hierro 4.3mg

Vitaminas (vitaminas A; B-6; B-12; C; D; D2; D3; K; Riboflavina; Niacina; Tiamina; K)

Calorías 112

35. Filete de cordero con salsa de avellanas

Ingredientes:

1 filete de cordero mediano

½ taza de avellanas

1 cucharadita de curry

1 cucharada de aceite de oliva

pimienta al gusto

Preparación:

Lave el filete y cocínelo en agua durante 15-20 minutos. Retírelo de la olla y deje escurrir, conservando el caldo. Prepare una salsa con el aceite de oliva, el curry, las avellanas y la pimienta. Vierta la salsa encima del filete, agregue algo del caldo y hornee a 300 grados, durante 15-20 minutos.

Valores nutricionales por 100g:

Carbohidratos 4.7g

Azúcar 4.1g

Proteínas 29 g

Grasas Totales 11.8g

Sodio 137 mg

Potasio 239mg

Calcio 2.9mg

Hierro 2.16mg

Vitaminas (vitaminas A; B-6; B-12; C; D; D2; D3; K; Riboflavina; Niacina; Tiamina; K)

Calorías 213

36. Pimiento rojo asado

Ingredientes:

1 pimiento rojo grande

1 cucharada de aceite de oliva

2 dientes de ajo

perejil picado

Preparación:

Mezcle el aceite de oliva con el ajo y el perejil. Vierta la salsa encima del pimiento rojo y ase en una sartén a baja temperatura durante 10-15 minutos.

Valores nutricionales por 100g:

Carbohidratos 6.2g

Azúcar 4.4g

Proteínas 2g

Grasas Totales 0.8g

Sodio 7 mg

Potasio 215mg

Calcio 2.8mg

Hierro 2. 6mg

Vitaminas (vitaminas A; B-6; B-12; C; D; Riboflavina; Niacina; Tiamina; K)

Calorías 38

37. Paté de berenjena

Ingredientes:

1 berenjena grande

6 claras de huevo

1 cucharadita de mostaza

1 cucharadita de mayonesa libre de grasa

2 dientes de ajo

1 cucharadita de perejil

¼ taza de agua

1 cucharadita de aceite de oliva

Preparación:

Nota: La cantidad de berenjena y agua pueden variar significativamente en función del tipo de berenjena, así como de la forma en la que se prepare este paté. La berenjena horneada estará más seca, sin embargo tendrá un mejor sabor y menos amargo. La berenjena lavada y "cocida" en microondas será más ligera, con más fluido y un poco más amarga, pero estará lista en muy poco tiempo.

Pele la berenjena, córtela en cubos y cocínela con un envase para microondas tapado, durante aproximadamente 5 minutos. O, puede hornearla en un horno convencional, retire la corteza, bien escurrida. Agregue agua y licúe la berenjena con una licuadora de mano.

Mezcle la mayonesa con las claras de huevo y el aceite de oliva. Agregue la berenjena y licúe todo junto.

Agregue el ajo finamente picado y la mostaza. De esta forma puede obtener un frasco grande de paté. Es excelente para untar o como contorno. Es perfecto con pollo y pavo.

Valores nutricionales por 100g:

Carbohidratos 12.9g

Azúcar 6g

Proteínas 17g

Grasas Totales 3.4g

Sodio 154mg

Potasio 132.5mg

Calcio 10.4mg

Hierro 3.37mg

Vitaminas (vitaminas A; B-6; B-12; C; D; D2; D3; K; Riboflavina; Niacina; Tiamina; K)

Calorías 71

38. Estofado de carne y repollo

Ingredientes:

1 bistec de carne grande

1 taza de repollo picado cocido

¼ cucharadita de pimienta

2 cucharadas de aceite de oliva

½ taza de agua

Preparación:

Corte la carne en trozos pequeños. Colóquela en una olla y cocine a baja temperatura, en aceite de oliva hasta que esté tierna. Agregue un poco de agua si es necesario. Cuando la carne esté tierna, agregue el repollo y la pimienta. Cocine a baja temperatura durante al menos 40 minutos.

Valores nutricionales por 100g:

Carbohidratos 8.1g

Azúcar 3.2g

Proteínas 36.1 g

Grasas Totales 6.9g

Sodio 157 mg

Potasio 499mg

Calcio 19.9mg

Hierro 5.9mg

Vitaminas (vitaminas A; B-6; B-12; C; D; D2; D3; K; Tiamina; K)

Calorías 234

39. Sopa de brócoli

Ingredientes:

1 taza de brócoli

1 zanahoria pequeña

1 cebolla pequeña

un poco de sal

pimienta al gusto

1 cucharada de aceite de coco

Preparación:

Lave las cebollas y las zanahorias, sin cortarlas. Colóquelas con el brócoli en agua con sal y cocine. Cuando los vegetales estén listos, colóquelos en una licuadora. Hierva el agua de cocción de los vegetales y revuelva con un poco de aceite. Cocine hasta que la mezcla espese, agregue los vegetales y cocine durante otros 5-7 minutos. Sirva tibio.

Valores nutricionales por 1 taza:

Carbohidratos 15g

Azúcar 5.2g

Proteínas 7.2 g

Grasas Totales 4.1g

Sodio 887 mg

Potasio 376mg

Calcio 25.5mg

Hierro 1.2mg

Vitaminas (vitaminas A;C)

Calorías 120

40. Ensalada de lechuga y atún

Ingredientes:

1 manojo de lechuga

3 latas de atún sin aceite

1 cucharada de jugo de limón

2 cebollas grandes

2 tomates grandes

5 aceitunas

Preparación:

Lave y corte la lechuga. Mezcle con el atún. Pele y corte la cebolla, corte el tomate, mezcle con el atún y la lechuga. Agregue el jugo de limón y las aceitunas.

Valores nutricionales por 1 taza:

Carbohidratos 19.4g

Azúcar 12g

Proteínas 31.2g

Grasas Totales (grasas buenas monoinsaturadas) 11.5g

Sodio 141mg

Potasio 86.1mg

Calcio 43.2mg

Hierro 0.31mg

Vitaminas (vitaminas A; B-6; B-12; C; D; D2; D3; K; Riboflavina; Niacina; Tiamina; K)

Calorías 71

41. Filetes de trucha asados con perejil

Ingredientes:

3 filetes de trucha gruesos

1 cucharada de perejil

3 cucharadas de aceite de oliva

6 dientes de ajo

Preparación:

Mezcle el ajo picado con el perejil y el aceite de oliva. Vierta sobre el pescado y fría en una sartén durante aproximadamente 15-20 minutos, por ambos lados. Retire de la sartén y use papel de cocina para absorber el exceso de aceite.

Valores nutricionales por 100g:

Carbohidratos 0.2g

Azúcar 0

Proteínas 25.2 g

Grasas Totales 6.6g

Sodio 113.8 mg

Potasio 61mg

Calcio 29mg

Hierro 0.33mg

Vitaminas (vitaminas A; B-6; B-12; C; D; D2; D3; K; Riboflavina; Niacina; Tiamina; K)

Calorías 170

42. Sopa de coliflor

Ingredientes:

1 taza de coliflor

1 zanahoria pequeña

1 cebolla pequeña

un poco de pimienta

1 cucharada de aceite

Preparación:

Lave las cebollas y las zanahorias, sin cortarlas. Póngalas en agua con el coliflor y cocine. Cuando los vegetales estén listos, colóquelos en una licuadora. Hierva el agua restante de la cocción de los vegetales y vierta un poco de aceite en ella. Cocine hasta que la mezcla espese, agregue los vegetales y cocine durante otros 5-7 minutos. Sirva tibio.

Valores nutricionales por 1 taza:

Carbohidratos 13g

Azúcar 4.2g

Proteínas 6.2 g

Grasas Totales 4.4g

Sodio 862 mg

Potasio 366mg

Calcio 24.1mg

Hierro 2mg

Vitaminas (vitaminas A;C)

Calorías 118

43. Tortilla de tomate

Ingredientes:

3 huevos

1 tomate grande

1 cebolla pequeña

1 cucharadita de aceite de oliva

sal al gusto

Preparación:

Lave y corte el tomate. Pele y corte la cebolla. Fría el tomate y la cebolla en aceite de oliva durante aproximadamente 10-15 minutos, a baja temperatura. Retire del fuego cuando el agua se evapore. Agregue los huevos y mezcle bien. Fría por otros 2 minutos.

Valores nutricionales por 100 g:

Carbohidratos 6.1g

Azúcar 2g

Proteínas 20g

Grasas Totales (grasas buenas monoinsaturadas) 12g

Sodio 176mg

Potasio 173mg

Calcio 15.9mg

Hierro 1.9mg

Vitaminas (vitaminas A; B-6; B-12; C)

Calorías 184

44. Filete de salmón asado

Ingredientes:

1 filete de salmón grande

1 cucharada de jugo de limón

2 cucharadas de aceite de oliva

1 cucharada de pimienta de chile molida

Preparación:

Lave el filete y séquelo dando toques con papel de cocina. Rocíe algo de jugo de limón sobre él y fríalo en una sartén pequeña durante aproximadamente 15-20 minutos, a temperatura muy alta. Retire de la sartén y absorba el exceso de aceite con papel de cocina. Agregue la pimienta de chile molida antes de servir.

Valores nutricionales por 100 g:

Carbohidratos 2.9

Azúcar 0.8g

Proteínas 24g

Grasas Totales (grasas buenas monoinsaturadas) 14.6g

Sodio 63mg

Potasio 374mg

Calcio 0.9mg

Hierro 1.8mg

Vitaminas (vitaminas A; B-6; B-12; C)

Calorías 220

45. Ensalada de vegetales mixtos

Ingredientes:

1 manojo de lechuga

1 zanahoria pequeña

1 tomate mediano

1 cebolla mediana

1 pepino pequeño

1 berenjena mediana

1 calabacín mediano

1 cucharada de aceite de oliva

1 cucharadita de jugo de limón

Preparación:

Pele y corte la berenjena y el calabacín. Fríalos en aceite de oliva por 8-10 minutos. Retire de la sartén y absorba el exceso de aceite usando papel de cocina. Mientras tanto, lave y corte los vegetales en trozos pequeños. Mezcle la berenjena y el calabacín con los otros vegetales y sazone con el aceite de oliva y el jugo de limón.

Valores nutricionales por una taza:

Carbohidratos 12.3g

Azúcar 8.9g

Proteínas 11.2 g

Grasas Totales (grasas buenas monoinsaturadas) 6.5g

Sodio 176.3 mg

Potasio 95mg

Calcio 63.5mg

Hierro 0.74mg

Vitaminas (vitaminas A; B-6; B-12; C; D; D2; D3; K; Riboflavina; Niacina; Tiamina; K)

Calorías 51

46. Calamares asados en salsa de curry

Ingredientes:

1 taza de calamares en anillos

¼ taza de agua

1 cucharadita de curry

2 cucharadas de aceite de oliva

2 dientes de ajo

1 cucharadita de perejil picado

Preparación:

Prepare una salsa con el agua, ajo, perejil, curry y aceite de oliva. Fría los calamares en anillos en una sartén sin aceite, durante 7-10 minutos, a una temperatura media. La idea es obtener un lindo color dorado. Agregue la salsa a la sartén y fría por unos pocos minutos más. Puede agregar un poco más de agua si la salsa está muy espesa.

Valores nutricionales por 100g:

Carbohidratos 0.2g

Azúcar 0g

Proteínas 19.8 g

Grasas Totales (grasas buenas monoinsaturadas) 2.8g

Sodio 96.3 mg

Potasio 0.3mg

Calcio 1.5mg

Hierro 0.7mg

Vitaminas (vitaminas A; BD; D2; K)

Calorías 92

47. Sardinas asadas

Ingredientes:

1 paquete pequeño (200g) de sardinas congeladas

4 dientes de ajo

4 cucharadas de aceite de oliva

3 cucharaditas de cúrcuma

½ cucharadita de sal

Preparación:

Descongele y lave las sardinas. Prepare una salsa con el ajo, el aceite de oliva y la cúrcuma. Vierta la salsa sobre las sardinas y fríalas en una sartén, sin aceite adicional, durante aproximadamente 20 minutos, a una temperatura media. Deben tener un color dorado antes de servir. Agregue sal al gusto.

Valores nutricionales por 100g:

Carbohidratos 0.2g

Azúcar 0g

Proteínas 19 g

Grasas Totales (grasas buenas monoinsaturadas) 6g

Sodio 225.3 mg

Potasio 3mg

Calcio 3.5mg

Hierro 3.2mg

Vitaminas (vitaminas A; B-6; D; D2; D3; K; Riboflavina; Niacina; Tiamina; K)

Calorías 130

48. Batido de banana

Ingredientes:

1 banana grande

2 claras de huevo

1.5 tazas of agua

1 cucharadita de extracto de vainilla

1 cucharada de sirope de agave

Preparación:

Pele y corte la banana en pequeños cubos. Combínela con los otros ingredientes en una licuadora y mezcle durante 30 segundos, hasta que la mezcla esté suave. Mantenga en el refrigerador y sirva frío.

Valores nutricionales por 1 vaso:

Carbohidratos 8g

Azúcar 4.9g

Proteínas 10.2g

Grasas Totales 2.67g

Sodio 74mg

Potasio 512.9mg

Calcio 79mg

Hierro 1.88mg

Vitaminas (Vitaminas B-6; B-12; D; D-D2+D3)

Calorías 56

49. Pimientos verdes asados

Ingredientes:

2 pimientos verdes

1 cucharada de aceite de oliva

2 dientes de ajo

perejil picado

Preparación:

Mezcle el aceite de oliva con el ajo y el perejil. Vierta la salsa encima de los pimientos y fría en una sartén, a baja temperatura, durante 10-15 minutos. Remueva constantemente.

Valores nutricionales por 100g:

Carbohidratos 5g

Azúcar 2.2g

Proteínas 1.8 g

Grasas Totales 0.4g

Sodio 4.3 mg

Potasio 191mg

Calcio 2.5mg

Hierro 1.8mg

Vitaminas (vitaminas A; B-6; B-12; C; D; D2; D3; K; Riboflavina; Niacina; Tiamina; K)

Calorías 27

50. Ensalada de mariscos

Ingredientes:

1 paquete pequeño (200g) de mariscos congelados

3 cucharadas de aceite de oliva

1 cebolla mediana

¼ cucharadita de sal

¼ taza de agua (opcional)

Preparación

Fría los mariscos congelados sin aceite hasta que estén tiernos (pruebe el pulpo, es el que más tiempo toma en ponerse tierno). Puede agregar un poco de agua si es necesario. Retire de la sartén y deje enfriar durante aproximadamente una hora. Pele y corte finamente la cebolla. Mézclela con los mariscos y agregue el aceite de oliva. Esta ensalada es mejor fría. Refrigere por algunas horas antes de servir.

Valores nutricionales por 1 taza:

Carbohidratos 3.45g

Azúcar 1.68g

Proteínas 25.8 g

Grasas Totales 16.4g

Sodio 827mg

Potasio 453mg

Calcio 13.5mg

Hierro 10mg

Vitaminas (Vitaminas C; B-6; B-12; A-RAE; A-IU; E; D; D-D2+D3; K; Tiamina; Riboflavina; Niacina)

Calorías 280

51. Calabacín asado con ajo

Ingredientes:

1 calabacín grande

4 dientes de ajo

1 cucharada de aceite de oliva

¼ cucharadita de sal

Preparación:

Pele y corte el calabacín en rebanadas gruesas. Pique el ajo y fríalo en aceite de oliva por unos minutos, hasta que tome un lindo color dorado. Agregue el calabacín y fría durante 10 minutos más, a baja temperatura. Espolvoree con un poco de perejil picado antes de servir. Sal al gusto.

Valores nutricionales por 1 rebanada:

Carbohidratos 3.6g

Azúcar 1.9g

Proteínas 2.9 g

Grasas Totales 0.9g

Sodio 2.21 mg

Potasio 354mg

Calcio 0.12mg

Hierro 0.2mg

Vitaminas (vitaminas A; B-6; B-12; C; D:K)

Calorías 25

52. Manzanas horneadas

Ingredientes:

2 manzanas grandes

1 cucharadita de canela

Preparación:

Hornee las manzanas a 300 grados, durante 15 minutos. Espolvoree con canela antes de servir.

Valores nutricionales por 100g:

Carbohidratos 14.8g

Azúcar 10g

Proteínas 0.4 g

Grasas Totales 0.3g

Sodio 1.7mg

Potasio 108mg

Calcio 0mg

Hierro 0mg

Vitaminas (vitaminas A; C)

Calorías 53

53. Bistec asado con rodajas de piña

Ingredientes:

1 bistec grande

7 rodajas de piña

1 cucharadita de jengibre

un poco de agua

pimienta al gusto

Preparación:

Fría las rodajas de piña durante 5-10 minutos, agregando lentamente un poco de agua. Retire las rodajas de piña de la sartén y fría el bistec, utilizando la misma sartén, durante 15-20 minutos. Puede agregar un poco de agua mientras fríe el bistec. Sirva con las rodajas de piña y espolvoree con jengibre. Pimienta al gusto.

Valores nutricionales por 100g:

Carbohidratos 3.8g

Azúcar 2.1g

Proteínas 32.9 g

Grasas Totales 4.9g

Sodio 64 mg

Potasio 413mg

Calcio 0mg

Hierro 17.8mg

Vitaminas (vitaminas A; B-6; B-12; C; D)

Calorías 182

54. Coliflor cocida en salsa de menta

Ingredientes:

1 coliflor mediano

1 cucharada de hojas de menta picada

1 cucharadita de jengibre

1 cucharada de sirope de agave

Preparación:

Lave y corte el coliflor en cubos medianos. Cocínelo en agua hasta que esté tierno. Retire de la olla y escurra bien. Mientras, prepare una salsa con sirope de agave, jengibre y menta, combinando todos los ingredientes en un bol pequeño. Vierta la salsa sobre el coliflor y deje enfriar por un rato antes de servir.

Valores nutricionales por 100g:

Carbohidratos 6.8g

Azúcar 2.8g

Proteínas 1.9 g

Grasas Totales 0.4g

Sodio 31 mg

Potasio 301mg

Calcio 2.7mg

Hierro 2.3mg

Vitaminas (vitaminas C; K)

Calorías 29

55. Sopa de champiñones

Ingredientes:

1 taza de champiñones frescos

1 zanahoria pequeña

1 cebolla pequeña

¼ cucharadita de pimienta

1 cucharada de aceite

Preparación:

Lave las cebollas y las zanahorias, sin cortarlas. Colóquelas en una olla grande, agregue agua hasta cubrir los vegetales y cocine hasta que estén tiernos. Una vez que los vegetales estén listos, mézclelos con los champiñones y póngalos en una licuadora. Hierva el agua de cocción de los vegetales y vierta en ella un poco de aceite. Cocine hasta que la mezcla espese, agregue los vegetales y cocine durante otros 5-7 minutos. Puede decorar con un poco de perejil.

Valores nutricionales por 1 taza:

Carbohidratos 3.3g

Azúcar 0.2g

Proteínas 1.9 g

Grasas Totales 2.6g

Sodio 340 mg

Potasio 31mg

Calcio 0mg

Hierro 0mg

Vitaminas (vitaminas D;K)

Calorías 41

56. Filete de trucha con salsa de almendra y cúrcuma

Ingredientes:

1 rebanada delgada de filete de trucha

1 cucharadita de cúrcuma

1 cucharada de aceite de oliva

½ taza de almendras

1 cucharadita de romero deshidratado

¼ cucharadita de pimienta

Preparación:

Lave y seque el filete. Espolvoree con las cúrcuma y fríalo en aceite caliente durante algunos minutos, por ambos lados. Retire de la sartén. Prepare una salsa con las almendras, el aceite de oliva, romero y la pimienta. Vierta la salsa encima del filete y fría durante pocos minutos, hasta que tome un color marrón dorado.

Valores nutricionales por 100g:

Carbohidratos 3.7g

Azúcar 0.2g

Proteínas 25g

Grasas Totales 8.6g

Sodio 62 mg

Potasio 263mg

Calcio 10mg

Hierro 2.5mg

Vitaminas (vitaminas A; B-6; B-12; C; D:K)

Calorías 173

57. Sopa de trucha

Ingredientes:

1 trucha grande

2 zanahorias pequeñas

1 cucharada de aceite de oliva

1 cucharadita de perejil deshidratado

eneldo al gusto

Preparación:

Lave y limpie el pescado (retire todas las espinas). Cocine en una olla grande durante aproximadamente 20 minutos. Cuando el pescado esté listo, agregue un poco de aceite de oliva (sólo hasta cubrir el fondo). Fría las zanahorias picadas durante algunos minutos y agregue agua, el perejil y eneldo. Cocine durante 15 minutos más. Después de 15 minutos agregue el pescado (entero o cortado en trozos grandes). Coloque en cada plato 1 cucharadita de aceite de oliva. Vierta la sopa.

Valores nutricionales por 1 taza:

Carbohidratos 3.4g

Azúcar 0.9g

Proteínas 5.9 g

Grasas Totales 2g

Sodio 365 mg

Potasio 123mg

Calcio 2.3mg

Hierro 2.3mg

Vitaminas (vitaminas A; B-6; B-12; C)

Calorías 46

58. Ensalada de pepino

Ingredientes:

3 pepinos grandes

6 cucharadas de nueces ralladas

3 cucharadas de aceite de semillas de sésamo

Preparación:

Pele y corte los pepinos en rebanadas delgadas. Sazone con el aceite de semillas de sésamo y espolvoree con las nueces ralladas.

Valores nutricionales por 100g:

Carbohidratos 6.8g

Azúcar 2.7g

Proteínas 5.9 g

Grasas Totales 4.9g

Sodio 5.76 mg

Potasio 213mg

Calcio 5.27mg

Hierro 2.1mg

Vitaminas (vitaminas A; B-6; B-12; C; D:K)

Calorías 34

59. Champiñones asados con salsa de ajo

Ingredientes:

3 tazas champiñones frescos

6 dientes de ajo

3 cucharadas de aceite de oliva

¼ cucharadita de pimienta

Preparación:

Fría los champiñones sin aceite en una sartén, a baja temperatura, hasta que el agua se evapore. Mientras, pique el ajo, agréguelo a la sartén y mezcle con los champiñones. Fría durante unos minutos más. Rocíe con el aceite de oliva antes de servir. Agregue pimienta al gusto. Sirva tibio.

Valores nutricionales por una taza:

Carbohidratos 5.2g

Azúcar 1.3g

Proteínas 8.2 g

Grasas Totales (grasas buenas monoinsaturadas) 2.3g

Sodio 47.3 mg

Potasio 25.1mg

Calcio 13.1mg

Hierro 0.61mg

Vitaminas (vitaminas A; B-6; B-12; C; D; D2; D3; K; Riboflavina; Niacina; Tiamina; K)

Calorías 98

60. Bolas de manzana y zanahoria con canela

Ingredientes:

5 manzanas grandes

3 zanahorias grandes

6 cucharaditas de canela

6 cucharaditas de sirope de agave

3 cucharaditas de jugo de limón

Preparación:

Pele y ralle las manzanas y las zanahorias. Combínelas con el resto de los ingredientes en una licuadora hasta obtener una mezcla suave. Forme pequeñas bolas y deje que se enfríen en el refrigerador por algunas horas.

Puede agregar nueces o almendras ralladas a esta receta. Esto es opcional, sin embargo incrementará las proteínas.

Valores nutricionales por 100g:

Carbohidratos 17.2g

Azúcar 15.3g

Proteínas 9.1 g

Grasas Totales (grasas buenas monoinsaturadas) 2.3g

Sodio 147.4 mg

Potasio 625mg

Calcio 13.1mg

Hierro 11.61mg

Vitaminas (vitaminas A; B-6; B-12; C; D; D2; D3; K; Riboflavina; Niacina; Tiamina; K)

Calorías 78

61. Berenjena asada con perejil

Ingredientes:

1 berenjena pequeña

½ taza de perejil picado

1 cucharadita de aceite de oliva

Preparación:

Pele la berenjena y córtela en rebanadas. Ásela en una sartén sin aceite. Cuando esté lista, rocíe aceite de oliva por encima y espolvoree con perejil.

Valores nutricionales por rebanada:

Carbohidratos 7.9g

Azúcar .4

Proteínas 7.2g

Grasas Totales 2.21g

Sodio 53mg

Potasio 29.1mg

Calcio 13.1mg

Hierro 0.38mg

Vitaminas (vitaminas A; B-6; B-12; C; D; D2; D3; K; Riboflavina; Niacina; Tiamina; K)

Calorías 52

62. Ensalada de bistec con champiñones

Ingredientes:

1 bistec grande

3 tazas de champiñones

6 cucharadas de perejil picado

1 manojo de lechuga

1 tomate grande

1 cebolla grande

1 pepino grande

4 cucharadas de aceite de oliva

Preparación:

Fría el bistec sin aceite durante 15-20 minutos. Retire de la sartén y córtelo en trozos medianos. Fría los champiñones, sin cortarlos. Lave y pele los vegetales, mézclelos con el bistec y los champiñones. Sazone con un poco de aceite de oliva o sésamo.

Valores nutricionales por una taza:

Carbohidratos 18.6g

Azúcar 11.3g

Proteínas 21.9g

Grasas Totales (grasas buenas monoinsaturadas) 14.2g

Sodio 153.3 mg

Potasio 89.8mg

Calcio 49.9mg

Hierro 0.42mg

Vitaminas (vitaminas A; B-6; B-12; C; D; D2; D3; K; Riboflavina; Niacina; Tiamina; K)

Calorías 79

63. Batido de frutas

Ingredientes:

1 taza de fresas

1 banana grande

1 rebanada de patilla o sandía

½ cucharadita de canela

½ taza de agua

¼ taza de nueces molidas

Preparación:

Mezcle los ingredientes en una licuadora durante aproximadamente 30 segundos. Espolvoree con canela y refrigere durante 30 minutos. Sirva con hielo.

Valores nutricionales por 1 vaso:

Carbohidratos 10.67g

Azúcar 8.11g

Proteínas 8.65g

Grasas Totales 2.54g

Sodio 95mg

Potasio 159.6mg

Calcio 93mg

Hierro 1.03mg

Vitaminas (Vitaminas C ácido ascórbico total; B-6; B-12; A-RAE; A-IU; E-alfa-tocoferol; D; K-Filoquinona; Tiamina; Riboflavina; Niacina)

Calorías 74.6

64. Chuleta de ternera con almendras

Ingredientes:

1 chuleta de ternera

½ taza de almendras ralladas

¼ cucharadita de pimienta

1 cucharadita de aceite de sésamo

½ taza de agua

Preparación:

Mezcle las almendras, la pimienta y el agua. Cocine durante aproximadamente 10 minutos. Retire del fuego y enfríe. Lave y seque la chuleta. Fríala en aceite durante aproximadamente 15-20 minutos. Agregue la salsa de almendras antes de servir.

Valores nutricionales por 100g:

Carbohidratos 4.6g

Azúcar 4.2g

Proteínas 29.6 g

Grasas Totales 11.4g

Sodio 133 mg

Potasio 234mg

Calcio 2.3mg

Hierro 2.13mg

Vitaminas (vitaminas A; B-6; B-12; C; D; D2; D3; K; Riboflavina; Niacina; Tiamina; K)

Calorías 217

65. Tortilla de espinaca

Ingredientes:

1 taza de espinaca picada

2 huevos

aceite de oliva para freír

Preparación:

Cocine la espinaca en agua salada hasta que esté tierna. Retire de la olla y escurra. Fríala en aceite de oliva durante 5-6 minutos y agregue los huevos. Mezcle bien y sirva tibio.

Valores nutricionales por 100g:

Carbohidratos 0.98g

Azúcar 0.44g

Proteínas 12.1g

Grasas Totales 14.4g

Sodio 256mg

Potasio 217.4mg

Calcio 5.6mg

Hierro 11.37mg

Vitaminas (vitaminas A; B-6; D; D2; D3)

Calorías 143

66. Calamares rellenos con nueces

Ingredientes:

2 calamares grandes

½ taza de nueces ralladas

1 cucharadita de jugo de limón

½ cucharadita de jengibre

1 cucharada de aceite de oliva

Preparación:

Lave y limpie los calamares. Mezcle las nueces, el jugo de limón y el jengibre y rellene los calamares. Coloque en una bandeja engrasada y cubra con papel de aluminio. Hornee durante 20 minutos, en horno precalentado a 200 grados. Retire el papel de aluminio y hornee durante 5-10 minutos más.

Valores nutricionales por 100g:

Carbohidratos 0.2g

Azúcar 0g

Proteínas 19.8 g

Grasas Totales (grasas buenas monoinsaturadas) 2.8g

Sodio 96.3 mg

Potasio 0.3mg

Calcio 1.5mg

Hierro 0.7mg

Vitaminas (vitaminas A; BD; D2; K)

Calorías 92

67. Sopa de tomate y ajo

Ingredientes:

1 taza de salsa de tomate

2 tazas de agua

2 dientes de ajo

2 cucharadas de aceite de oliva

1 cucharadita de mejorana deshidratada

Preparación:

Fría en aceite el ajo picado finamente, durante aproximadamente 10 minutos. Revuelva en la salsa de tomate mezclada con el agua. Deje hervir durante 7-10 minutos. Sirva con la mejorana.

Valores nutricionales por 150ml:

Carbohidratos 7.9g

Azúcar 4.1g

Proteínas 7.9g

Grasas Totales 0.9g

Sodio 195.3 mg

Potasio 117mg

Calcio 0.3mg

Hierro 2.8mg

Vitaminas (vitaminas A; C)

Calorías 39

68. Chuleta de cordero con albahaca

Ingredientes:

1 chuleta de cordero gruesa

1 cucharadita de albahaca picada

pimienta al gusto

1 cucharada de aceite de sésamo

Preparación:

Fría la chuleta en aceite de sésamo durante 15 minutos. Retire de la sartén y absorba el exceso de aceite. Espolvoree con la pimienta y la albahaca.

Valores nutricionales por 100g:

Carbohidratos 5.9g

Azúcar 4.5g

Proteínas 29.3 g

Grasas Totales 11.9g

Sodio 129 mg

Potasio 241mg

Calcio 2.93mg

Hierro 2.17mg

Vitaminas (vitaminas A; B-6; B-12; C; D; D2; D3; K; Riboflavina; Niacina; Tiamina; K)

Calorías 210

69. Champiñones asados en salsa de tomate

Ingredientes:

1 taza de champiñones

1 tomate grande

1 cucharadita de aceite de oliva

2 dientes de ajo

1 cucharada de albahaca fresca

Preparación:

Lave y corte el tomate. Corte el ajo y mézclelo con el tomate y la albahaca fresca. Cocine en aceite de oliva y un poco de agua durante aproximadamente 10-15 minutos, a baja temperatura. Ase los champiñones sin aceite en una sartén durante 5 minutos. Agregue a la salsa de tomate y mezcle bien.

Valores nutricionales por una taza:

Carbohidratos 5.1g

Azúcar 2.7g

Proteínas 6.1 g

Grasas Totales 1.8g

Sodio 46.1 mg

Potasio 24.1mg

Calcio 13.5mg

Hierro 0.62mg

Vitaminas (vitaminas A; B-6; B-12; C; D; D2; D3; K; Riboflavina; Niacina; Tiamina; K)

Calorías 108

70. Brochetas de camarones

Ingredientes:

6 camarones congelados

6 tomates cherry

6 berenjena en cubos

6 pimientos verdes en cubos

aceite de oliva

½ cucharadita de orégano

2 palitos de madera

Preparación:

Ponga los ingredientes en 2 palitos de madera – 1 camarón, 1 tomate, 1 cubo de berenjena, 1 cubo de pimiento verde. Repita el procedimiento hasta utilizar todos los ingredientes. Rocíe con aceite de oliva y orégano y fría en una sartén durante 5-10 minutos.

Valores nutricionales por 100g:

Carbohidratos 7.1g

Azúcar 4.3g

Proteínas 29g

Grasas Totales (grasas buenas monoinsaturadas) 1.42g

Sodio 132mg

Potasio 279.1mg

Calcio 8.4mg

Hierro 4.32mg

Vitaminas (vitaminas A; B-6; B-12; C; D; D2; D3; K; Riboflavina; Niacina; Tiamina; K)

Calorías 154

Otros Grandes Títulos del Autor

www.ingramcontent.com/pod-product-compliance
Lightning Source LLC
Chambersburg PA
CBHW071735080526
44588CB00013B/2038